# Das Wunder der Feentür

Süße Feen- und Wichteltüren selber basteln

**DIESES FEEN-BUCH GEHÖRT:**

_____

# Inhalt

# Auf ins Feenland!

# Grundlagen

Willkommen in der Welt der Feen und Elfen! Damit dir das Basteln der süßen Feen- und Wichteltüren für euer Zuhause oder euren Garten gelingt, gibt es ein paar Grundlagen, die du beachten kannst:

Richte dir einen Arbeits-/Bastelplatz ein mit allen **Werkzeugen und Materialien**, die du für das entsprechende Türchenprojekt brauchst. Eine Info dazu steht auf der gegenüberliegenden Seite bzw. findest du bei den Bastelprojekten immer auf der ersten Seite des Projekts eine ausführliche Liste.

Praktisch ist es auch, wenn du dir eine **Bastelunterlage**, z. B. eine Bastelmatte oder auch nur ein dickes Stück Versandkarton oder ein paar Zeitungen zurechtlegst, damit der Tisch keinen Schaden nimmt.

 **Achtung!**

Es gibt auch ein paar Materialien und Werkzeuge wie bspw. Cutter, Handsäge oder Heißkleber, die Kinder nur zusammen mit einem Erwachsenen benutzen sollten bzw. sollten diese Handgriffe bei kleineren Kindern sowieso von einem Erwachsenen übernommen werden.

# Werkzeuge

Folgende Werkzeuge wirst du brauchen, um alle Feen- und Wichteltüen zu basteln, aber natürlich kannst du dich auch immer mal mit einer Alternative behelfen, je nachdem, was du gerade zu Hause hast.

Gleiches gilt für die Materialien der einzelnen Projekte: Es ist nicht schlimm, wenn deine Feentür ein bisschen anders aussieht, als auf den abgebildeten Bildern. Viel wichtiger ist der Bastelspaß! Also nimm gerne alternative Materialien oder bspw. andere Farben zur Hand — bunt und süß werden die Türchen sowieso. Und die Feen und Wichtel ziehen mindestens genauso gerne bei euch ein!

- Nudelholz oder Glasflasche zum Ausrollen
- Küchenmesser
- scharfe Bastelschere
- Pinsel
- Heißklebepistole
- Cutter
- Aluminiumlineal
- Küchenmesser
- Sand- oder Schleifpapier
- kleine Handsäge
- Bleistift
- ggf. Spitzer für Buntstifte
- ggf. Schwamm

Zu Tisch bei der

# Blumenelfe

# MATERIAL

### FEENTÜRCHEN IM FELS
· 10 Holzstiele, z. B. von einer Packung Eis am Stiel
· Heißkleber
· hellgelbe oder beige Acrylfarbe
· 1 Stück Basteldraht oder 1 Metall-Öse
· 1 Holzperle, z. B. in blau

### FESTLICHE GIRLANDE
· gelbes und blaues Tonpapier
· 1 Stück Schnur
· 2 dünne Äste
· Heißkleber

### TISCHLEIN, DECK DICH!
· 1 Stück Pappkarton
· ca. 15 Rührstäbchen aus Bambus
· Bastelkleber
· hellgelbe oder beige Acrylfarbe
· 1 Stück Stoff
· 1 Stück Rundholz
· Heißkleber

### DEKORATION
· ggf. Moos
· ggf. Blumen
· ggf. große Steine als Mauer

# FEENTÜRCHEN IM FELS

**1.** Lege sieben Holzstiele bündig nebeneinander, kürze eine Seite.

**2.** Klebe einen Holzstiel diagonal von einer Ecke zur anderen über alle Holzstiele. Drehe die Feentür um.

**3.** Kürze zwei Holzstiele und klebe sie jeweils an der Ober- und Unterseite mit Heißkleber fest.

**4.** Male die gesamte Tür mit Acrylfarbe flächig an.

**HIER GEHT´S WEITER**

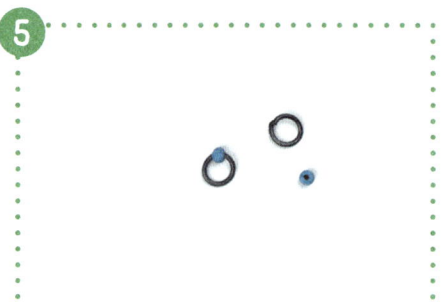

**5.** Biege ein Stück Basteldraht zu einem Ring und befestige mittig eine Holzperle. Du kannst hier auch eine Metallöse verwenden.

**6.** Fixiere den Türklopfer mit Heißkleber an der Holztür.

## FESTLICHE GIRLANDE

**1.** Schneide Rauten aus Tonpapier in Form und falte diese in der Mitte.

**2.** Klebe die einzelnen Wimpel an einer Schnur fest.

**3.** Fixiere die Schnur mit den Wimpeln an beiden Enden mit Heißkleber an zwei Ästen.

# TISCHLEIN, DECK DICH!

**1**

**1.** Schneide ein Rechteck (8 x 5 cm) aus einem Stück Karton zurecht.

**2**

**2.** Klebe dünne Rührstäbchen aus Bambus flächig auf den Karton und schneide mit einer scharfen Bastelschere alle Überstände bündig zurecht.

**3**

**3.** Schneide vier weitere Bambusstäbchen in der Länge der einzelnen Tischseiten zurecht.

**4**

**4.** Klebe mit den Stäbchen eine Tischumrandung und male die Tischplatte anschließend mit der hellgelben Acrylfarbe an.

**5**

**5.** Sobald die Farbe vollständig getrocknet ist, schneide aus einem Stück Stoff eine Tischdecke in Form (7 x 7 cm) und lege diese diagonal versetzt auf die Tischplatte.

**6**

**6.** Schneide vier Tischbeine aus einem Rundholz. Für das Platzieren auf einem unebenen Untergrund wie z. B. Rasen kannst du die Beine einfach anspitzen.

**7**

**7.** Fixiere alle vier Tischbeine an der Unterseite der Tischplatte mit Heißkleber.

## TIPP

*Feiert doch gemeinsam mit der Blumenelfe ein Sommerfest im Garten oder auf dem Balkon! Und ganz egal, ob Gemüßespieße gegrillt werden oder ein Erdbeerkuchen gebacken wird - die kleine Elfe nascht bestimmt gerne davon. Stellt doch einfach eine Mini-Portion auf ihr Tischchen. Am nächsten Morgen kann man dann schauen, ob die Speisen noch da sind ... solche Aktionen sind besonders für kleine Kinder ein Riesenspaß und ein kleiner „Beweis" für die Mitbewohnerin im Grünen.*

# Rosa Feenträume

# werden
# wahr ...

# MATERIAL

### PINKE FEENTÜR
- Balsaholz
- pinke Acrylfarbe
- rosa Tonpapier
- schwarzer Fineliner
- Bastelkleber
- ggf. Perlen-Maker-Stift

### BLÜMCHENVASE
- 2 Holzringe
- 1 Holzkugel mit Loch
- Holzleim oder Heißkleber
- 1 Blume aus dem Garten oder 1 kleiner Zweig

### FILZMATTE FÜR FEENSCHUHE
- roter oder pinker Filzstoff
- Perlen-Maker-Stift

### DEKORATION
- ggf. kleiner Zaun
- ggf. kleiner Puppenteppich

# PINKE FEENTÜR

**1**

**1.** Schneide die Tür mithilfe eines Cutters und Aluminium-Lineals aus Balsaholz zu.

**2**

**2.** Male die Tür flächig mit pinker Acrylfarbe an und lasse die Farbe vollständig trocknen.

**3**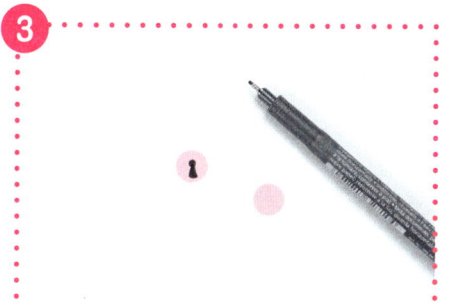

**3.** Als Türschloss schneidest du einen kleinen Kreis aus Tonpapier in Form. Mit einem schwarzen Fineliner malst du die Details.

**4**

**4.** Klebe das Türschloss mit Bastelkleber auf die pinke Tür aus Balsaholz.

**HIER GEHT´S WEITER**

**5.** Mit einem Perlen-Maker-Stift kannst du noch ein paar funkelnde Details auf deine Tür malen.

# TIPP

*Wie ordentlich es doch bei der Rosa Fee zu Hause aussieht – sogar einen kleinen Fußabstreifer hat sie vor ihre Haustür gelegt! Das ist doch ein idealer Anlass, mit kleinen und großen Mitbewohnern einen Aufräumtag einzuführen. Verbreite dafür vorher einfach ein bisschen Chaos vor der süßen Elfentür und bitte um Mithilfe. Und natürlich darf es dann gerne bspw. in den Kinderzimmern weitergehen. Wenn dort auch die kleine Fee mit anpackt, ist Aufräumen gar nicht mal so langweilig, sondern wird zum fantasievollen Spiel.*

# BLÜMCHENVASE

**1.** Für eine Vase benötigst du zwei gleich große Holzringe und eine durchbohrte Holzkugel.

**2.** Verbinde alle drei Teile mittig miteinander. Zum Kleben kannst du wahlweise Holzleim oder Heißkleber verwenden. Stecke einen kleinen Zweig mittig in die Öffnung.

# FILZMATTE FÜR FEENSCHUHE

**1.** Schneide die rechteckige Fußmatte aus einem Stück Filz aus.

**2.** Mit einem Perlen-Maker-Stift kannst du ein paar funkelnde Details aufmalen.

# Märchenwelt

**Anita Menger**

Großmutter nahm das Buch zur Hand
und ihre Stimme, warm und klar
entführte uns in eine Welt
die fremd und voller Zauber war.

Wir flogen mit den sieben Raben
und standen vor dem Knusperhaus,
dann folgten wir dem kleinen Muck
in die weite Welt hinaus.

Wir kamen ins Schlaraffenland
wo Milch und süßer Honig fließt
und spürten wie die Erde bebt
wenn unverhofft ein Riese niest.

Wir hatten Angst um das Schneewittchen
als es die Apfelhälfte nahm
und freuten uns mit Aschenputtel,
als diese ihren Prinz bekam.

Auch nachts als wir schon lange schliefen,
nahm eine Fee uns an die Hand
und führte uns in unsren Träumen
ins zauberhafte Märchenland.

# Der Frühling kommt

**Horst Rehmann**

Der Himmel strahlt in hellem Blau,
Sonnenschein bedeckt die Fluren,
vergessen ist das triste Grau,
und des Winters letzte Spuren.

Aus dem Wald entfernt und leise,
ertönt des Spechtes Klopfen schon,
und im Strauch singt eine Meise,
ein Frühlingslied im schönsten Ton.

Nah am Teich tanzen die Mücken,
und aus der Schonung äugt ein Reh,
lässt vom Frühjahr sich entzücken,
als sei's das Werk von einer Fee.

Krokusse sprießen im Garten,
die Honigbienen sehen's prompt,
Lebewesen aller Arten,
spüren, dass nun der Frühling kommt.

### Heinrich Heine

Dämmernd liegt der Sommerabend
Über Wald und grünen Wiesen;
Goldner Mond im blauen Himmel
Strahlt herunter, duftig labend.

An dem Bache zirpt die Grille,
Und es regt sich in dem Wasser,
Und der Wandrer hört ein Plätschern
Und ein Atmen in der Stille.

Dorten, an dem Bach alleine,
Badet sich die schöne Elfe;
Arm und Nacken, weiß und lieblich,
Schimmern in dem Mondenscheine.

# Wunderhübsche

# Wasser-elfen

# MATERIAL

## GLÄNZENDES MUSCHEL-TÜRCHEN

· große Muschel, z. B. aus Perlmutt

· kleinere Muscheln

· Heißkleber

· etwas Vogelsand

· ein paar Halbperlen

· Bastelleim

## SEEROSEN-TEICH

· 1 Stück Pappkarton

· blaue Acrylfarbe

· Kieselsteine

· Heißkleber

## SEEROSEN

· grünes Moosgummi

· schwarzer Fineliner

## HOLZBRÜCKE

· 1 Pappbecher

· ca. 20 Holzstiele, z. B. von einer
Packung Eis am Stiel

· Bastelkleber

## DEKORATION

· ggf. Sand oder Vogelsand

# GLÄNZENDES MUSCHEL-TÜRCHEN

**1.** Für die Feentür kannst du super eine größere Muschel verwenden.

**2.** Klebe kleine Muscheln an der Kontur entlang mit Heißkleber fest. Lasse dabei den unteren Bereich frei.

**3.** Ein Stück Holz bildet den unteren Bereich der Tür. Auch diesen kannst du mit Heißkleber befestigen.

**4.** Ein paar Halbperlen bilden den Türknauf. Klebe diese mit Heißkleber fest.

**5.** Für ein paar Extradetails kannst du feinen Vogelsand mit Bastellein fixieren. Trage den Bastelleim partiell mit einem Pinsel auf.

**6.** Den Vogelsand streust du auf den noch feuchten Bastelleim auf.

## SEEROSEN-TEICH

**1.** Male auf ein Stück Pappe eine ungerade Form auf.

**2.** Schneide die Form mit der Schere aus.

**3.** Male das Kartonstück flächig mit blauer Acrylfarbe an.

**4.** Klebe kleine Steine rundum an der Kontur entlang.

## SEEROSEN

**1.** Schneide Kreise aus grünem Moosgummi aus. Mache jeweils eine Kerbe zur Mitte hin.

**2.** Mit einem grünen Fineliner malst du die Details der Blätter.

# HOLZBRÜCKE

**1.** Die Basis kann ein einfacher Pappbecher sein.

**2.** Schneide den Boden ab und den Becher der Länge nach auf.

**3.** Kürze das Stück für die Brücke von der Breite und Länge ein.

**4.** Klebe Holzstiele mit Heißkleber bündig aneinanderliegend auf.

**5.** Klebe am Anfang und Ende der Holzbrücke jeweils einen Holzstiel quer auf die Unterseite als Stütze.

# Willkommen im

# Feenwald!

# MATERIAL

## WALDGRÜNE FEENTÜR

- lufttrocknende Modelliermasse
- 1 größeres Baumblatt
- grüne Acrylfarbe
- 1 weißer Knopf oder Holzperle
- ggf. Stück Restholz
- ggf. etwas Moos

## SÜSSES KÖRBCHEN

- 1 Walnuss
- 1 Stück Rattan
- Heißkleber

## FLIEGENPILZE

- lufttrocknende Modelliermasse
- rote und weiße Acrylfarbe
- dünner Ast
- Heißkleber

## DEKORATION

- ggf. etwas Moos

# WALDGRÜNE FEENTÜR

**1.** Lufttrocknende Modelliermasse mit einer Dicke von 0,5 cm ausrollen.

**2.** Ein Blatt mit der geaderten Unterseite auf die ebene Modelliermasse legen und fest darüberrollen.

**3.** Mit einem Messer entlang der Kontur des Blattes schneiden.

**4.** Den unteren Bereich geradekürzen. Das Blatt als Modelliermasse nun vollständig trocknen lassen.

**5.** Mit einem Schwamm oder Pinsel grüne Acrylfarbe auftragen und diese trocknen lassen.

**6.** Klebe einen Knopf oder eine Holzperle als Türknauf auf das Blatt.

**7.** Zum stabilen Aufstellen kannst du die Tür am besten auf ein Stück Holz kleben und optional mit ein wenig Moos dekorieren.

# SÜSSES KÖRBCHEN

**1.** Knacke eine Walnuss möglichst sauber in der Mitte auf.

**2.** Als Henkel kannst du ein Stück Rattan verwenden. Wenn du eine stärkere Krümmung möchtest, kannst du das Rattan für 15 Minuten in kaltes Wasser legen und danach für die Dauer der Trocknung in Form bringen.

**3.** Kürze den Rattanhenkel mit einer Schere.

**4.** Klebe den Henkel mit Heißkleber an der Walnussschale fest.

**TIPP**

Der Fliegenpilz lässt sich einzeln oder als Gruppe schön dekorieren.

# FLIEGENPILZE

**1**

**2**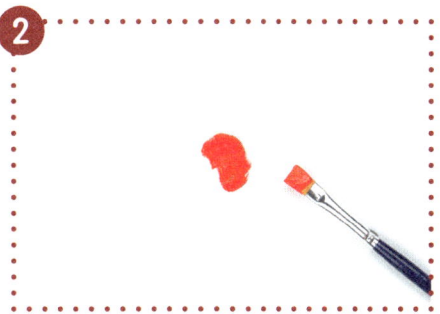

**1.** Forme den Fliegenpilz aus lufttrocknender Modelliermasse. Lasse den Pilzdeckel vollständig trocknen.

**2.** Male den Pilzdeckel mit roter Acrylfarbe an.

**3**

**4**

**3.** Male oder tupfe ein paar weiße Punkte bunt verteilt mit einem dünnen Pinsel auf den roten Pilzdeckel.

**4.** Als Stiel kannst du einen kleinen Ast kürzen und mit Heißkleber fixieren.

**ELKE BRÄUNLING**

# Mias Besuch im Wald der Träume

Mia hat schlecht geträumt. Ein Geist hat vor ihrem Bett gestanden und schaurig geheult.

„Dein böser Traum", tröstet Mama, „ist längst im Wald der Träume."

„Wald der Träume?", staunt Mia.

„Ein großer Wald, den noch kein Mensch je gesehen hat. Dort landen alle Träume, und aus jedem Traum wächst ein neuer Baum."

„Uih", sagt Mia, „da wird der Wald ja jeden Tag größer."

Lange denkt Mia über diesen Träumewald nach und auf einmal – wie verzaubert – steht sie auf einer Waldlichtung.

„Willkommen im Wald der Träume", sagt eine fröhliche Stimme, und ein Mädchen, das Mia wie ein Spiegelbild ähnelt, steht vor Mia.

„Wer bist du?", staunt Mia.

„Dein Traumkind! Und nun zeige ich dir den Wald und seine Traumgeister. Sei leise! Sie fürchten sich vor Menschen!"

Da springt eine kleine Feengestalt hinter einer Baumwurzel auf. „Ein Menschenkind ist hier!", ruft sie. „Passt auf!"

Aufgeregt saust die kleine Fee von Baum zu Baum, bis sie hinter Büschen verschwunden ist.

„Siehst du", sagt Traumkind. „Sie hat Angst, die kleine Traumfee."

„Wir tun ihr doch nichts!", wundert sich Mia.

„Glaubst du mir nun, dass Traumgeister die Menschen fürchten?", fragt Traumkind. „Sie ist so unnötig diese dumme Angst.

„Ein Raunen geht nun durch den Wald. Von allen Seiten knistert, knackt, tuschelt und brummelt es und fremd aussehende Gestalten huschen zwischen den Bäumen umher.

Manche sehen aus wie Geister und Gespenster, andere wie Spielzeug-
monster, Drachen, Vampire, Zwerge, Feen, Hexen oder Zottelungeheuer.
Wieder andere ähneln Menschen in altmodischen Frisuren und Kleidern.
In einem aber unterscheiden sie sich nicht: Sie sind alle sehr aufgeregt und
scheinen sich zu fürchten. Manche weinen auch.
Mia ist verwirrt. Traumkinds Gesicht aber wird rot vor Ärger.

„Fürchtet ihr euch etwa vor der kleinen Mia, ihr Angsthasengeister?", ruft
es. „Sie tut euch nichts. Ihr führt euch nachts wie wilde Kerle auf, wenn ihr
böse durch die Träume der Kinder geistert. Dabei wisst ihr selbst, wie
schlimm es ist, Angst zu haben."
Lustig sieht es aus, wie sich das kleine Traumkind aufregt. Mia muss lachen.

Im gleichen Augenblick wird es still im Wald der Träume, und die Traumgeister ziehen sich in das Dickicht zurück.
„Schade", sagt Mia. Sie wendet sich Traumkind zu, doch es ist nicht mehr
da.
Da sieht Mia, dass Sonnenstrahlen auf ihr Bett blinzeln. „Schade", sagt sie
wieder. „Diesen Traum hätte ich gerne noch ein bisschen weiter geträumt."

# Komm mit in die Elfenschule!

# MATERIAL

### ELFEN-SCHULTÜR
* lufttrocknende orangefarbene Modelliermasse
* 1 Holzstiel
* 1 weißer Druckknopf

### MINI-BUNTSTIFTE
* Zahnstocher
* roter Acrylmarker oder Permanentmarker

### KLEINE HEFTCHEN
* buntes Tonpapier
* etwas Klopapier
* 1 Stück farbiges Garn

### KORK-HOCKER
* 2 Flaschenkorken
* weiße Acrylfarbe
* kleine Astscheibe
* Heißkleber

### DEKORATION
* ggf. kleine Tafel
* ggf. weitere Schuluntensilien

# ELFEN-SCHULTÜR

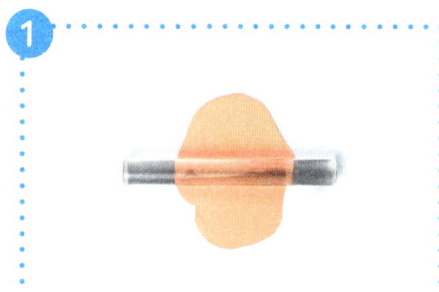

**1.** Rolle etwas Modelliermasse mit einer Dicke von 0,5 cm aus.

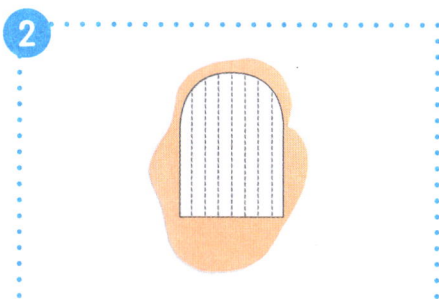

**2.** Lege die Vorlage von Seite 85 auf und schneide mit einem Messer entlang der Kontur.

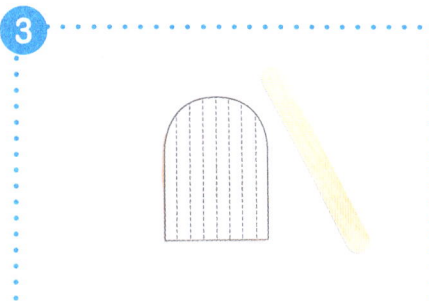

**3.** Für die vertikal gestrichelten Linien kannst du die Klingenrückseite oder einen Holzstiel verwenden. Drücke die Kante entlang der Linien in das Fimo.

**4.** Entferne die Vorlage und härte das Fimo bei 110 °C für 30 Minuten im Backofen aus.

**5.** Klebe einen Druckknopf als Türknauf mit Heißkleber auf die Feentür.

# MINI-BUNTSTIFTE

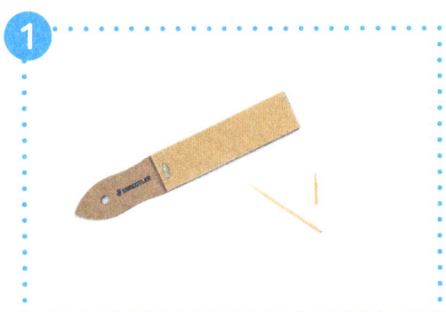

**1.** Kürze einen Zahnstocher und glätte die Kante mit Sandpapier.

**2.** Mit einem Acrylmarker malst du den Stift farbig an.

# KLEINE HEFTCHEN

**1.** Schneide ein Rechteck (3 x 5 cm) aus einem Stück Tonpapier zurecht.

**2.** Knicke es in der Mitte.

**3.** Die gleichen Schritte mache mit zwei Lagen Klopapier. Dann lege die beiden Lagen Papier zwischen das Tonpapier.

**4.** Schneide dir ein Stück farbiges Garn zurecht.

**5.** Führe das Garn in der Mitte entlang des Knickes und mache einen bündig liegenden Knoten. Kürze die Fadenenden mit einer Schere zurück.

# SCHULBANK AUS KORK

**1.** Halbiere zwei Korken mittig mit einer Schere. Drei Stücke bilden einzelne Hocker, diese kannst du noch mit einem Pinsel und weißer Acrylfarbe anmalen.

**2.** Das übrige Stück Kork wird zum Tischbein.

**3.** Klebe es mit Heißkleber mittig auf der Unterseite einer kleinen Astscheibe fest.

MARC LIMONI

# Die kleine Elfe in der Elfenschule

„Du, Hanna, ich muss dauernd an die Kleine Elfe denken." Jonas kauert sich neben seine Schwester.

Hanna legt ihr Buch zur Seite und legt den Arm um Jonas.

„Mir geht es genauso, dabei ist Lilli erst gestern in die Elfenschule aufgebrochen."

„Wir wissen gar nicht, ob die Kleine Elfe gut in der Elfenschule angekommen ist. Vielleicht hat sie den Weg nicht gefunden", vermutet Jonas.

„Nein, das glaube ich nicht. Die Kleine Elfe findet ihre Schule bestimmt", meint Hanna.

Jonas geht zum Fenster. „Ich finde es ganz schrecklich, wenn wir gar nichts von Lilli hören", sagt er traurig.

Plötzlich springt Hanna auf. „Ich habe eine Idee", ruft sie, „wir schreiben Lilli einen Brief, dann schreibt sie uns vielleicht zurück. - Hmm, aber wie kommt der Brief in die Elfenschule?"

„Wir geben ihn den Libellen mit, die wissen doch immer, wo die Kleine Elfe ist", sagt Jonas.

„Super, Jonas, so machen wir es. Ich hole meinen Füller und Papier. Hol' du einen Briefumschlag aus dem Wohnzimmerschrank."

*Liebe Lilli,*

*Jonas und ich vermissen dich sehr. Hoffentlich bist du gut in der Elfenschule angekommen. Hast du nette Lehrer? Gefällt es dir? Bitte vergiss uns nicht. Wir denken ganz fest an dich.*

*Vielleicht kannst du uns einen Brief schreiben.*
*Liebe Grüße*

*Hanna + Jonas*

Jonas ist ganz früh aufgestanden und an den Gartenteich gegangen. Der Brief, den sie gestern hier auf die Seerose gelegt haben, ist weg. Jonas schaut, ob er vielleicht im Wasser liegt, aber er kann ihn nirgends sehen.
Da kommen Hanna und Maxi angelaufen.
„Und", ruft Hanna schon von weitem, „ist der Brief weg?"
„Ja", sagt Jonas. „Hoffentlich haben die Libellen ihn mitgenommen und nicht die alte Kröte."
„Das hoffe ich auch", sagt Hanna.

Den ganzen Tag über gehen sie immer wieder zum Teich, um zu schauen, ob die Libellen vielleicht einen Brief von Lilli gebracht haben.
„Die Kleine Elfe hat uns doch vergessen", sagt Jonas, als es Abend wird.
Enttäuscht gehen die beiden zurück zum Haus. „Schau", ruft Hanna plötzlich und zeigt auf das Fensterbrett. Da steht ein Brief, auf dem in großen Buchstaben geschrieben steht: An Hanna und Jonas, meine Freunde.

*Liebe Hanna, lieber Jonas,*

*danke für euren Brief. Ich habe euch natürlich nicht vergessen. Ich bin gut hier angekommen. Es ist alles sehr aufregend. Hier sind vorgestern alle kleinen Elfen aus dem Lüdkreis angekommen. Ihr könnt euch nicht vorstellen, was das für ein Durcheinander war. Jetzt sind wir in verschiedene Klassen eingeteilt. Ich bin in der Glockenblümchen-Klasse Stufe 2. Neben mir sitzt Mira, die ist noch kleiner als ich und sehr nett. Wir teilen uns ein Zimmer im Baumhaus. In der Schule ist es toll. Auf dem Stundenplan stehen*

*Flugunterricht, Pflanzen- und Kräuterkunde und natürlich Zaubern*
*mit dem Elfenstab. Drückt mir die Daumen, dass ich alles gut lerne.*
*Ich denke an euch.*
*Liebe Grüße*

*eure Kleine Elfe Lilli*


Hanna und Maxi sind begeistert über Lillis Brief.
„Ich möchte auch mal in die Elfenschule gehen", sagt Jonas. „Ja, das wäre
toll. Da könnte man ganz viele Elfen treffen und Zaubern lernen. Aber
Menschen finden den Weg ins Elfenland nicht", meint Hanna.
„Ich bin froh, dass Lilli zu uns ins Menschenland gekommen ist", sagt
Jonas. „Es ist etwas ganz. B.sonderes, wenn man eine Elfe kennt."
„Das stimmt. Wie schön, dass Lilli damals vor deinem Geburtstag bei uns
im Garten gelandet ist. Jetzt haben wir eine kleine Elfe zur Freundin", sagt
Hanna stolz.
„Ich drücke unserer Freundin Lilli ganz fest die Daumen, dass sie in der
Elfenschule alles gut lernt und bald wieder zurückkommen kann."

Am nächsten Abend steht wieder ein Brief auf der Fensterbank.


*Lieber Jonas, liebe Hanna,*

*gestern war ein aufregender Tag, denn wir hatten Zauberunterricht.*
*Unsere Zauberlehrerin heißt Elevina Pimpernell. Zuerst haben wir*
*gelernt, dass wir immer sehr gut auf unseren Elfenstab aufpassen*
*müssen, denn wenn ihn jemand anderes berührt, zerbricht er in*
*tausend Teile. Dann sollten wir unseren Füller in eine Blume verzau-*
*bern. Der Zauberspruch heißt: Eine Blume sollst du sein, mit*
*Blättern grün und Blüten fein. Gerade als ich den Spruch aufgesagt*

*habe, hat mich Mira angestupst, und da ist es passiert. Ich habe
mich umgedreht und mit dem Zauberstab auf Mira gezeigt. Plötzlich war Mira eine Sonnenblume und hat heftig mit dem Kopf
gewackelt. Zuerst bin ich erschrocken, aber dann musste ich lachen,
denn das sah sehr lustig aus. Frau Elevina Pimpernell hat gleich
gerufen: „Keine Blume sollst du sein" und da saß Mira wieder und
hat sich geschüttelt. Zum Glück war niemand böse mit mir. Später
habe ich es dann geschafft, meinen Füller in eine Glockenblume zu
verwandeln. Ich bin gespannt, was morgen passiert.*

*Ich drücke euch ganz fest, eure Lilli*

„Mensch, ist das spannend. Hoffentlich passiert der Kleinen Elfe nicht
noch mehr", sagt Hanna, nachdem sie Jonas den Brief vorgelesen hat.
Jonas nimmt ein Stück Ast vom Boden und zeigt auf Hanna, dann sagt er:
„Eine Blume sollst du sein, mit Blättern grün und Blüten klein."
Hanna packt Jonas und kitzelt ihn. „Gut, dass freche kleine Jungs nicht
zaubern können. Außerdem heißt es ‚Blüten fein'. Pass nur auf, sonst
verzaubere ich dich in einen dicken Kürbis."
Jonas prustet vor Lachen und windet sich aus der Umklammerung.
„Das kannst du gar nicht, denn du kannst gar nicht zaubern."
Die beiden lesen den Brief noch drei Mal, bevor sie an diesem Abend ins
Bett gehen.

Auch am nächsten Abend ist ein Brief aus dem Elfenland gekommen.

*Liebe Hanna, lieber Jonas,*

*gestern war der Unterricht noch toller als vorgestern. Wir waren
draußen in der Flugschule. Dort haben wir Hindernisfliegen gemacht. Dann haben wir Zickzackflug geübt und am Schluss sogar
Looping. Ich konnte alles sehr gut, bis zum Looping. Als ich gerade*

oben war, ist mir etwas schwindelig geworden und dann muss ich die
Richtung verfehlt haben. Plötzlich bin ich in etwas hängengeblie-
ben. Ich habe wie verrückt gezappelt, aber ich hing fest. Da kamen
aber schon die anderen angeflogen und der Lehrer, Herr Virgulum
Magallius, hat mich befreit. Ich war im Fangnetz für kleine Elfen
gelandet. Die anderen fanden das sehr lustig, ich nicht. Mira hat
am meisten gelacht, dabei hatte sie vorher ein Hindernis umgeflo-
gen. Als wir abends in unseren Betten lagen, mussten wir noch lange
lachen. Das war ein schöner Tag.

Ganz liebe Grüße von eurer Lilli

„Du Jonas, ich glaube, Mira ist die neue Freundin von Lilli. Hoffentlich will
Lilli überhaupt wieder zurückkommen", sagt Hanna.
„Ich finde es toll, dass Lilli eine Freundin gefunden hat. Du hast doch auch
Freundinnen in der Schule", meint Jonas.
„Das stimmt. Du hast recht. Es ist schön, wenn man Freunde hat. Die
Kleine Elfe soll ruhig eine Freundin haben, dann ist sie nicht so allein", sagt
Hanna.
„Komm, wir üben Fliegen", sagt Jonas. Er macht einen Hechtsprung über
die Bettkante und landet im Federbett. Maxi bellt wie verrückt und springt
aufs Bett.

Da streckt Mama den Kopf zur Tür rein. „Alles in Ordnung bei euch?",
fragt sie.
„Ja", sagen Hanna und Jonas gleichzeitig und machen ein Unschuldsge-
sicht. Zum Glück hat Mama den Brief nicht gesehen.

Am nächsten Tag bringen die Libellen schon am Nachmittag einen Brief.

*Lieber Jonas, liebe Hanna,*

*wenn ihr glaubt, dass Pflanzenkunde langweilig ist, dann habt ihr euch geirrt. Es gibt so viele Blumen, Kräuter, Bäume und Sträucher. Wir lernen, wo sie wachsen, wie sie heißen und was man aus den Früchten und Blättern machen kann. Kennt ihr zum Beispiel Kapuzinerkresse? Wir nehmen die bunten Blüten und essen sie als Salat. Das ist sehr lecker. Wir lernen auch, wie man Kräuter mischt und daraus Tee macht. Nachher kochen wir Pilzsuppe und backen Möhrentörtchen mit Mandeln und Elfenstaub. Ich bringe euch welche mit. Heute Nachmittag ist die Abschlussprüfung. Mira und ich müssen noch fest lernen. Ich hoffe, ihr drückt die Daumen für mich.*

*Ich umarme euch, eure Lilli*

„Ich glaube, wir haben Kapuzinerkresse im Garten. Lena hat sie mir mal gezeigt und gesagt, dass es bei ihnen Salat mit diesen Blüten gibt", erinnert sich Hanna.
„Ich frage Mama, ob wir das heute auch machen", sagt Jonas.
„Ja, aber vorher müssen wir noch ein gutes Versteck für die Briefe von der Kleinen Elfe finden. Unter der Matratze kann Mama sie vielleicht finden", sagt Hanna.

Hanna und Jonas suchen im Haus und im Garten nach einem sicheren Versteck, aber das ist gar nicht so einfach. Im Haus kommt Mama beim Putzen in jeden Winkel und im Garten werden die Briefe nass. Bleibt nur noch das Gartenhäuschen.
Jonas holt seine alte Plätzchendose und legt die Briefe hinein.
Im Schuppen stellt Hanna die Dose oben auf den Balken. „So, hier sind sie sicher", sagt sie zufrieden.

Auch am nächsten Abend finden die Kinder wieder einen Brief.

*Liebe Hanna, lieber Jonas,*

*heute war der letzte Schultag. Wir haben alle die Prüfung bestanden. Zur Belohnung haben wir einen Schulausflug zum Grünen See gemacht. Wir sind aber nicht wie ihr Menschenkinder im Bus gefahren, sondern in kleinen Booten. Mit diesen Booten sind wir über einen langen Fluss gefahren, einmal ging es sogar einen Wasserfall hinunter, da musste ich mich ganz fest halten. Mira hat sich die Augen zugehalten und wäre fast aus dem Boot gefallen. Das war aufregend. Am Grünen See haben wir dann gebadet und Picknick gemacht. Wir haben Kartoffeln gegrillt und es gab frischen Himbeersaft. Dann haben wir Verstecken gespielt und am Abend sind wir in kleinen Kutschen zurückgefahren. Es war ein wunderschöner Tag.*

*Ich freue mich, euch bald wieder zu sehen.*

*Eure Kleine Elfe Lilli*

Hanna und Jonas sitzen schon seit Stunden am Teich und warten. Ihre Mutter hat schon zwei Mal gefragt, was sie da eigentlich machen. „Fische beobachten", hat Jonas jedes Mal gesagt.
„Die Kleine Elfe müsste schon lange wieder hier sein. Es kann doch nicht so lange dauern, bis sie ihr Zimmer aufgeräumt und den Koffer gepackt hat", sagt Hanna ungeduldig.
„Lilli hat so schöne Sachen aus dem Elfenland erzählt. Vielleicht wollte sie doch lieber dortbleiben", vermutet Jonas. „Hallo Libelle, weißt du, wann die Kleine Elfe zurückkommt?", fragt er, als eine blau schillernde Libelle vorbeischwirrt. Die Libelle fliegt aber einfach weiter in den Garten. „Jonas, ich kann nicht mehr warten. Ich gehe ins Gartenhaus und lese die Briefe

noch einmal." Hanna steht auf und rennt los.

„Ich komme mit", sagt Jonas.

Als Hanna die Tür öffnet, sieht sie einen bunten Lichtschein.

„Lilli, seit wann bist du zurück?," ruft sie überrascht.

„Ich habe euch erwartet. Setzt euch und lasst es euch schmecken. Das ist Kuchen aus dem Elfenland", sagt Lilli und strahlt ihre Freunde an.

Jonas macht einen Luftsprung vor Freude. „Endlich bist du wieder da", ruft er.

Hanna und Jonas lassen sich den leckeren Kuchen aus dem Elfenland schmecken und Lilli muss noch einmal alle Geschichten aus der Elfenschule erzählen. Sie erzählt, wie es dort ausgesehen hat und wie aufgeregt sie am Anfang war. Sie erzählt von den Lehrern und von den Baumhäuschen. Hanna und Jonas wollen alles ganz genau wissen und erst als Mama ruft, verabschieden sich die Freunde für heute.

Gute Nacht,

liebe Fee!

# MATERIAL

### FEENTÜR
* 1 Schleifblock aus Kork
* graue Acrylfarbe
* einige halbrunde Hölzer
* 1 kleiner Holzring
* Heißkleber

### KLEINE LATERNE
* 2 Holzsteine
* schwarze Acrylfarbe
* nachtleuchtendes Fimo
* Heißkleber
* 1 Stück Jutegarn

### LEUCHTENDER NACHTHIMMEL
* nachtleuchtendes Fimo
* Ausstecher in Stern- und Mond-
  bzw. Kreisform

# FEENTÜR

**1.** Als Basis kannst du einen Schleifblock aus Kork verwenden.

**2.** Male die künftige Tür flächig mit Acrylfarbe an und lasse diese vollständig trocknen.

**3.** Schneide einige Stücke halbrunde Hölzer auf die Tiefe des Korkstückes mithilfe einer kleinen Handsäge zurecht.

**4.** Mit Heißkleber fixierst du die einzelnen Holzzuschnitte an der Tür aus Kork.

**5.** Als Türgriff halbierst du einen kleinen Holzring. Glätte ggf. die Kanten.

**6.** Klebe den Türgriff mit Heißkleber an die Tür.

## KLEINE LATERNE

**1.** Als Basis benötigst du zwei gleichgroße Holzsteine.

**2.** Male beide Teile flächig mit schwarzer Acrylfarbe an und lasse diese vollständig trocknen.

**3.** Rolle ein kleines Stück nacht-leuchtendes Fimo zu einer Wurst. Der Durchmesser sollte kleiner als das Maß der beiden Holzsteine sein.

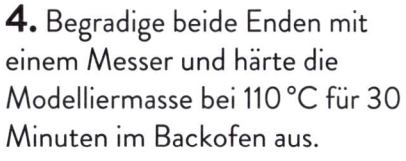

**4.** Begradige beide Enden mit einem Messer und härte die Modelliermasse bei 110 °C für 30 Minuten im Backofen aus.

**5.** Klebe das Fimo mittig mit Heißkleber zwischen die beiden Holzsteine.

**6.** Schneide ein Stück Jutegarn zurecht und mache jeweils einen Knoten zu beiden Enden hin.

## HIER GEHT´S WEITER

**7.** Kürze beide Garnenden bündig bis zu den Knoten zurück.

**8.** Mit einem Klecks Heißkleber fixierst du jetzt das Jutegarn als Henkel an der Laterne.

## TIPP

*Diese Feentür eignet sich super, um mit kleinen Kindern Einschlafrituale zu erarbeiten, ganz nach dem Prinzip: Wenn sich die kleine Fee zur Ruhe legt, dann ist es für uns auch Schlafenszeit! Besonders schön ist es, der Fee und den Kindern noch ein paar Gedichte (z. B. auch hier aus diesem Buch) oder Gute-Nacht-Geschichten vorzulesen und dann die Lichter zu löschen. Dann erst zeigen die Fimo-Ausstecher ihr Leuchten! Auf ins Träumeland ...*

# LEUCHTENDER NACHTHIMMEL

**1.** Rolle nachtleuchtendes Fimo dünn und gleichmäßig aus.

**2.** Stanze mithilfe von Ausstechern Sterne und Monde aus.

**3.** Einen Mond kannst du mithilfe von zwei unterschiedlich großen Kreisausstechern formen.

**4.** Härte die Modelliermasse bei 110 °C für 30 Minuten im Backofen aus.

# Elfenlied

**Johann Wolfgang von Goethe**

Um Mitternacht, wenn die Menschen erst schlafen,
Dann scheinet uns der Mond,
Dann leuchtet uns der Stern:
Wir wandeln und singen
Und tanzen erst gern.

Um Mitternacht, wenn die Menschen erst schlafen,
Auf Wiesen an den Erlen
Wir suchen unsern Raum,
Und wandeln und singen
Und tanzen einen Traum.

# Elfen

**Gustav Falke**

Mondesstrahl von Zweig zu Zweig,
Silberfüßchen überm Steig,
Märchenauge tief im Teich,
Elfenreich, Wunderreich.
Schwirrt ein ganz klein Elfchen her,
schwirrt ein zweites, schwirren mehr.
Gläslein, Kelchlein stehen leer,
jetzt ein Tänzchen? Bitte sehr. –
Raschelt's wo im nahen Korn,
klingt vom Dorf das Wächterhorn –
Husch, husch, husch – davon – verlorn –
Nur ein Schühlein hängt im Dorn.
Silberschühlein, klein, so klein –
willst du's fassen, zierlich, fein,
ist's ein silber Tröpfelein,
Tröpflein Tau im Mondenschein.

Hier wohnt der

# Weihnachts-wichtel

# MATERIAL

## WINTERLICHE WICHTELTÜR

✲ 4 Holzstiele, z. B. von einer Packung Eis am Stiel

✲ 2 dünne Bambusstäbchen

✲ Bastelkleber

✲ weiße Acrylfarbe

✲ 1 kleine Holzperle

✲ ggf. 1 kleiner Deko-Weihnachtskranz

## SCHLITTEN

✲ 2 Holzspatel

✲ 2 dünne Äste

✲ Heißkleber

✲ 7 Holzstiele, z. B. von einer Packung Eis am Stiel

## RUNDE GESCHENKEBOX

✲ 1 Flaschenkorken

✲ rote Acrylfarbe

✲ ggf. kleine Glitzerkugel

✲ Heißkleber

✲ Metallicstift

## KLASSISCHES PÄCKCHEN

✲ 3 kleine Holzklötzchen oder Spielsteine

✲ Heißkleber

✲ Flaschenkorken

✲ grüne oder weiße Acrylfarbe

✲ 1 Stück Garn

## DEKO

✲ ggf. Kunstschnee

✲ ggf. kleine Tannenbäumchen

# WINTERLICHE WICHTELTÜR

**1**

**1.** Lege vier mittelbreite Holzstiele bündig nebeneinander.

**2**

**2.** Kürze sie oben und unten.

**3**

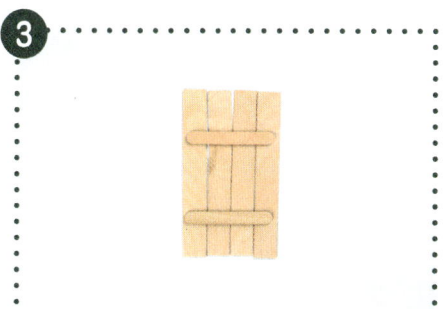

**3.** Klebe zwei kürzere Holzstiele horizontal über alle vier Holzstiele. Drehe die Feentür um.

**4**

**4.** Klebe auf die einzelnen Spalten zwischen den Holzstielen dünne Bambusstäbchen. Schneide diese bündig mit einer Bastelschere zurück.

## HIER GEHT´S WEITER

**5**

**6**

**5.** Male die gesamte Tür mit weißer Acrylfarbe flächig an.

**6.** Dekoriere die Tür ggf. mit einem kleinen Kranz und bringe eine Holzperle als Türknauf auf.

## SCHLITTEN

**1**
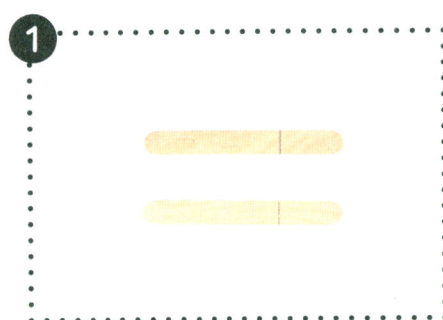

**2**

**1.** Lege zwei gleichgroße Holzspatel zurecht und markiere die Länge des Schlittens.

**2.** Kürze beide Teile und glätte die Kanten ggf. mit ein wenig mit Schleifpapier.

**3.** Für das Zusammenstellen des Schlittens benötigst du zwei dünne Äste gleicher Länge.

**4.** Klebe beide Rundhölzer zwischen die Seitenteile des Schlittens.

**5.** Verbinde beide Seitenteile von oben, indem du drei kürzere Hölzer darauf klebst.

**6.** Zum Schluss fixierst du die einzelnen Stiele für die Sitz-/Ablagefläche auf dem Schlitten.

# TIPP

*Über was freut sich der Weihnachtswichtel, der in der Adventszeit bei euch zu Hause eingezogen ist, am meisten? Über Plätzchen auch, natürlich! ... Aber Wunschzettel von Klein und Groß nimmt er auch gerne entgegen. Schreibt oder malt dem Wichtel in diesen Tagen doch gerne mal ein paar Briefe und dann seid gespannt, welche Päckchen sich am Heiligabend unter dem Weihnachtsbaum versammelt haben. Was für eine Überraschung ... Da werden Kinderaugen groß!*

# RUNDE GESCHENKEBOX

**1**

**1.** Schneide einen Korken in zwei Teile.

**2**

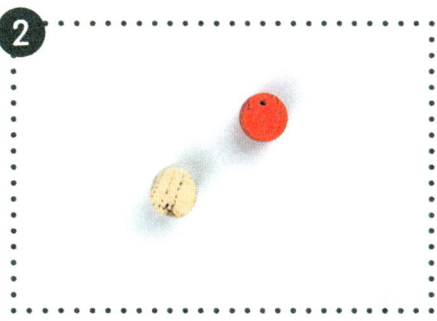

**2.** Male den Korken flächig mit Acrylfarbe an und lasse diese vollständig trocknen.

**3**

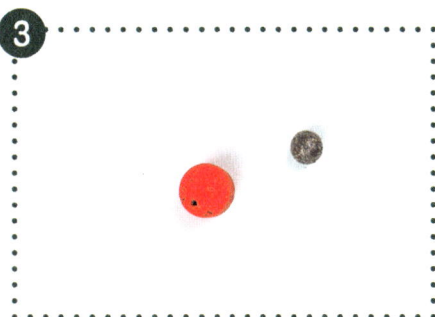

**3.** Als hübsches Detail eignet sich eine kleine Glitzerkugel, die du oben auf die runde Box kleben kannst.

**4**

**4.** Mit einem Metallicstift kannst du das Geschenk noch weiter dekorieren und verzieren.

# KLASSISCHES PÄCKCHEN

**1**

**1.** Für das eckige Geschenk eignen sich kleine Hölzer oder Spielsteine.

**2**

**2.** Klebe mehrere Teile mit Heißkleber aufeinander.

**3**

**3.** Male das künftige Geschenk flächig mit Acrylfarbe an und lasse diese vollständig trocknen.

**4**

**4.** Binde mit einem dünnen Band oder Garn eine Schleife um das Geschenk.

**ELKE BRÄUNLING**

# Kling, Glöckchen! – Adventsfantasie und Wichtelfantasie

Als du heute am Marktplatz vorbeikommst, hörst du ein Glöckchen leise bimmeln. Du schaust dich um. Schön klingt es.

Da! Wieder hört er das Glöckchen. Nein. Es sind viele kleine Glöckchen und jedes von ihnen erklingt in einem anderen Ton.

Bevor du dich wundern kannst, spielen dir diese vielen unsichtbaren Glöckchen eine kleine Melodie vor.

Schön klingt sie, die Melodie. Und fröhlich. Sie ähnelt sehr einer Melodie, die du kennst.

„Kling, Glöckchen, klingelingeling ...", summst du die Melodie mit.

Aber wer ist's, der dir diese zauberzarte Glöckchenmelodie vorspielt?

Du siehst niemanden, der viele kleine Glöckchen in der Hand hält und eine Melodie spielt.

Da ist nur die hohe Marktplatztanne. Die ist festlich mit Lichterketten geschmückt.

Du schaust zu der Tanne hinüber.

Und da! Da siehst du es.

Die Lichter der Tanne sind's, die abwechselnd im Klang der Melodie an- und ausgehen. Ein Licht nach dem anderen. Wie die Töne der Glöckchenmelodie.

An und aus und an und aus. Und jedes Licht schenkt der Melodie einen anderen Ton.

Aufregend ist das!

Langsam gehst du zu der Tanne hinüber.

Mit jedem Schritt, den du näherkommst, erklingen die Licht-Glöckchen lauter.

Jetzt bist du bei der Tanne angelangt. Noch einmal spielen die Lichter die kleine Melodie, dann verstummen die Glöckchen – und alle Lichter am Baum sind für einen Augenblick dunkel.

„Schade", flüsterst du. „Kommt zurück, ihr Glöckchenlichter!"

Da hörst du ein leises Kichern, und – kling, kling, kling, kling, klingeling – fängt jedes Licht wieder zu leuchten an. Und jedes Licht bringt einen anderen Glöckchenklang mit. Schließlich läuten hundert und mehr Glöckchen auf einmal.

Kling, kling, kling, kling, klingeling.

Und alle Lichter an der Weihnachtstanne brennen.

Hell strahlt ihr Licht. Sehr hell.

Während du noch staunst, hörst du es wieder leise kichern.

„Nicht wundern", ruft ein Stimmchen von irgendwoher aus den Tannenzweigen.

„Wer bist du?", fragst du. „Und wo bist du?"

„Hihi", kichert das Stimmchen. „Ein Weihnachtswichtel bin ich. Und sehen kannst du mich nicht. Nur manchmal, wenn du nicht nach mir suchst. Vielleicht ..."

„Toll", sagst du. „Deine Lichtglöckchenmusik ist so schön gewesen. Schade, dass ich dich nicht sehen kann."

Der Wichtel kichert wieder. „Ein anderes Mal vielleicht? Hihi. Und nun geh nach Hause und vergiss mich und meine Musik nicht!"

Du nickst. „Tschüs, du unsichtbarer Wichtel."

Doch das fremde Wichtelkerlchen antwortet nicht mehr.

Bestimmt, denkst du, ist er längst unterwegs zu einem neuen Abenteuer, bei dem er einem Kind eine Freude machen wird.

Du gehst nach Hause und denkst noch lange an diese tolle Begegnung mit dem unsichtbaren Weihnachtswichtel.

Du denkst oft an ihn. Vielleicht besucht er dich wieder, am Abend, wenn du ins Kerzenlicht schaust, oder in der Nacht, wenn du träumst.

# Feentanz im Winterwald

**Elke Bräunling**

Winterpause.
Vom Schlafe erwacht
tanzen die Feen zwischen Bäumen.
Leis klingt ihr Singen.
Im Einbruch der Nacht
kannst du sie sehen. Sie träumen.

Winterpause.
Ich bleibe still stehn
und lausche dem Klang ihrer Lieder.
Die Winterzeit, sagen sie,
wird noch nicht gehn.
Die Tage des Frosts kommen wieder.

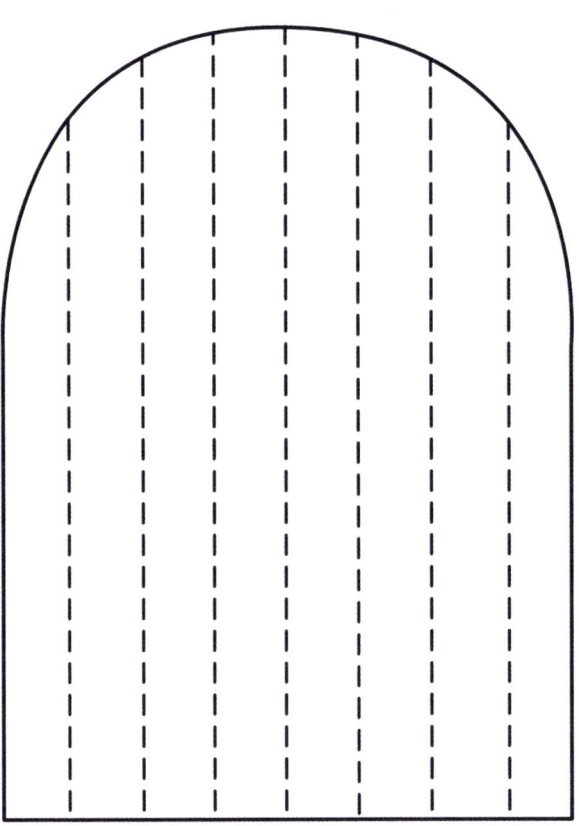

# Textnachweise

S. 54—61: Limoni, Marc: Die kleine Elfe in der Elfenschule.
© kizz in Herder 2007

Wir danken allen weiteren Autoren bzw. deren Erben, die uns freundlicherweise die Erlaubnis zum Abdruck von Texten erteilt haben.

# Danksagung

Herzlichen Dank an STAEDTLER für die Bereitstellung der Materialien – für alle großen und kleinen Feen- und Wichteltürenfans gibt es noch viel mehr Kreativ- und Bastelmaterial unter: **www.staedtler.de**

# Wir von GROH wollen die Welt ein bisschen verschönern – mit liebevollen Geschenken, die glücklich machen.

GROH.DE

@die_geschenkverlage

Aus Verantwortung für die Umwelt hat sich die Verlagsgruppe Droemer Knaur zu einer nachhaltigen Buchproduktion verpflichtet. Der bewusste Umgang mit unseren Ressourcen, der Schutz unseres Klimas und der Natur gehören zu unseren obersten Unternehmenszielen.

Gemeinsam mit unseren Partnern und Lieferanten setzen wir uns für eine klimaneutrale Buchproduktion ein, die den Erwerb von Klimazertifikaten zur Kompensation des $CO_2$-Ausstoßes einschließt.

Weitere Informationen finden Sie unter:
www.klimaneutralerverlag.de

Text Bastelanleitungen und Fotografie: Wiebke Schröder
Redaktion Geschichten und Gedichte: Sabine Pauli
Covergestaltung: Katja Heller
Layout und Satz: Lara Nelles (schere.style.papier), München
Gesamtherstellung: Drukarnia Dimograf Sp. z o.o., Bielsko Biała

Bildnachweis: Schmuckillustrationen: alle Shutterstock.com

Das Wunder der Feentür
GTIN 978-3-8485-0197-7
© 2023 Groh Verlag. Ein Imprint der Verlagsgruppe
Droemer Knaur GmbH & Co. KG, München
www.geschenkverlage.de

1 2 3 4 5